LES

FILS DE PHARAMOND,

OU

LA FORÊT ENCHANTÉE,

VAUDEVILLE FÉERIE EN TROIS ACTES.

LES
FILS DE PHARAMOND,

OU

LA FORÊT ENCHANTÉE,

VAUDEVILLE FÉERIE EN TROIS ACTES
ET A GRAND SPECTACLE,

PAR M. J.-A. JACQUELIN,

CHEVALIER DE L'ORDRE ROYAL DE LA LÉGION D'HONNEUR,
INSPECTEUR DES THÉATRES,

Représenté pour la première fois, à Paris, le 7 Juin 1825, sur le Théâtre d'Élèves, Barrière Rochechouart, et ensuite sur celui du Mont-Parnasse, dirigés par MM. Séveste.

PARIS,

CHEZ BEZOU, LIBRAIRE,

SUCCESSEUR DE M. FAGES,

AU MAGASIN DE PIÈCES DE THÉATRE,

Boulevard St.-Martin, Nº. 29, vis-à-vis la rue de Lancry.

1825.

PERSONNAGES.   ACTEURS.

ARMIN, Enchanteur et Prince d'Arles.. {M. *Léopold.* {M. *Rousseau.*

FLEUR D'AMOUR, sa fille. . . . . . . Mme. *Blondel.*

CHARLES, } Princes français, fils M. *Dumas.*
FERDINAND, } de Pharamond.   M. *St.-Firmin.*

CARLIN, écuyer des deux Princes français. . . . . M. *Alfred.*

ROSINA, suivante de Fleur d'Amour... Mme. *Alfred.*

Gardes et suite des Princes.

Provençaux et Provençales.

Un jeune Provençal, personnage chantant.

Voleurs de la Forêt enchantée, personnages muets.

Danseurs et Danseuses.

La scène est à Arles en Provence, dans le palais du prince Armin, et l'action se passe au 4e. siècle.

Vu au Ministère de l'Intérieur, conformément à la décision de S. Ex., en date de ce jour,
     Paris, le 6 Mai 1825,
     Par ordre de S. Ex., le Chef du Bureau des Théâtres,
         Signé COUPART.

De l'Imprimerie de J.-S. CORDIER Fils, rue Thévenot, N°. 8

LES
FILS DE PHARAMOND,

VAUDEVILLE FÉERIE.

SCÈNE PREMIÈRE.

Le théâtre représente la grande salle d'un palais gothique.

FLEUR D'AMOUR, Provençaux et Provençales, *qui dansent et qui chantent.*

CHOEUR.

Air : *Enfans de la Provence.*

Que chacun chante et danse.
Au son du tambourin,
D'un ciel pur l'influence
Nous excite au refrain.
Chez nous jamais de noir chagrin,
C'est le plaisir qui met en train,
Le plaisir qui met en train,
C'est le plaisir qui met en train.

UN HABITANT.

En Provence un bon drille,
Par la tendresse brille,
Le galoubet
Le rend (*bis*) plus guilleret.
Près des tendrons,
Joyeux lurons ;
Nous chantons,
Nous sautons ;
Jusqu'au vieillard,
Frais et gaillard,
Jaloux
De fair' comm' nous,
Qui chante : aimons et buvons bien,
Le vin ne coûte rien !

CHOEUR.

Que chacun chante et danse
Au son du tambourin, etc.

FLEUR D'AMOUR, *finissant d'arranger un chapeau de fleurs qu'elle tient à la main.*

C'est bien, mes amis, continuez à aimer Fleur d'Amour

Les Fils de Pharamond.   1

comme elle vous aime, et soyez sûrs que dans tous les temps elle emploiera ses soins à faire votre bonheur.

CHOEUR.

(*En sortant.*) Vive notre bonne princesse !

Que chacun chante et danse
Au son du tambourin, etc.

SCÈNE II.

FLEUR D'AMOUR, ROSINA, *accourant du côté opposé à la sortie du chœur, et apportant un habillement complet de jeune villageoise.*

FLEUR D'AMOUR.

Que m'apportes-tu, ma chère Rosina, quelque robe nouvelle ?... tu es charmante !

ROSINA.

Ah ! Princesse, tout est perdu : Pharamond, le roi des Francs, se voyant le pouvoir de reconquérir, dans la belle principauté d'Arles, une ancienne possession de ses aïeux, a rompu tout-à-coup le traité qu'il avait fait avec votre père... il a pris les armes, et ses troupes, dont il a confié la conduite aux princes Charles et Ferdinand, ses fils, viennent d'entrer victorieuses dans nos murs... Votre père est en fuite; il ne vous reste à vous-même que peu d'instans pour vous soustraire à vos ennemis, et je vous apporte ces vêtemens villageois pour favoriser votre évasion.

FLEUR D'AMOUR.

Quoi! mon père, le prince Armin, aussi redouté par ses armes que par ses enchantemens, se voir ainsi dépossédé de ses états ?

ROSINA.

Qui peut résister à des Français !.... ils ne sont pas sorciers comme monsieur votre père ; mais leurs exploits tiennent du prodige.

FLEUR D'AMOUR.

Le grand Armin, obligé d'abandonner sa fille, sa patrie et ses richesses à un conquérant dont il ne soupçonnait même pas les intentions hostiles ?

(5)

ROSINA.

A quoi lui sert d'être le plus grand magicien de la contrée, s'il ne devine pas les coups qu'on veut lui porter?

FLEUR D'AMOUR.

Ah! quel revers épouvantable!... ce chapeau de fleurs m'allait si bien!

ROSINA.

Il est bien question de chapeau, ma foi!.. revêtez promptement ces habits, si toutefois vous n'aimez mieux devenir l'esclave de Pharamond et de ses fils.

FLEUR D'AMOUR.

Est-il possible que ces princes, dont on vante en tous lieux les hautes qualités, se soient prêtés à servir l'ambition de leur père... car ils sont tous deux à l'armée, Rosina?

ROSINA.

Oui, Madame, je les ai aperçus du haut des murailles... mais le temps se passe.

FLEUR D'AMOUR.

Air : *Je vous comprendrai toûjours.*

Ah! satisfais à mon désir;
Ont-ils l'air de vainqueurs terribles?

ROSINA.

Leur figure m'eût fait plaisir,
Dans des temps un peu moins pénibles.
Bien plus que moi, tous les maris,
Tremblent dans le fond de leurs ames,
De voir bientôt ces ennemis,
    Devenir amis   (*bis*).
    De leurs femmes.

Mais il faudrait vous hâter moins lentement, si vous ne voulez pas tomber entre leurs mains.

FLEUR D'AMOUR.

Le ciel m'en préserve! mais aussi, quels moyens grossiers me fournis-tu de leur échapper!.. tu vois bien que cette robe n'est point faite à ma taille et me va horriblement... en vérité, c'est trop me déguiser.

ROSINA.

Air : *Restez, restez troupe jolie.*

C'est le seul moyen, je vous jure,
D'échapper à votre vainqueur.

FLEUR D'AMOUR.

Sous cet habillement de bure
En vérité, je ferai peur.

ROSINA.

Pouvez-vous craindre ce malheur !
Ces habits cacheront vos grâces,
Ils sauront voiler vos appas ;
Et du moins si l'on suit vos traces,
On ne vous reconnaîtra pas.

FLEUR D'AMOUR.

Air : Ce grand prince à qui je m'adresse.

Si l'on vient à me reconnaître
Sous d'aussi grossiers vêtemens,
Comment oserai-je paraître
Aux yeux de ces princes charmans ?
Cruel embarras ! peine extrême,
Oh dieu ! comme je m'enlaidis,
N'est-ce pas se tuer soi-même ?
Méchans princes, je les maudis !

Ensemble.

ROSINA.

Je conçois votre peine extrême
De cacher des traits si jolis,
N'est-ce pas se tuer soi-même ?
Méchans princes, je les maudis !

FLEUR D'AMOUR, *finissant de s'habiller, et se regardant dans ses nouveaux vêtemens.*

Mais regarde-moi donc, je me fais peur à moi-même... et l'on n'en meurt pas ! et puis, sous ce vilain chapeau de paille, les yeux, le nez...

ROSINA.

Eh bien ! le nez, Madame ?

FLEUR D'AMOUR.

Tout s'éteint, se flétrit, tout prend un air de travers... faut-il acheter la liberté à ce prix !...

ROSINA.

Ah Madame ! j'entends du bruit, on enfonce sans doute les portes de ce palais... Fuyons, suivez-moi.

(*Rosina s'échappe seule, et Fleur d'Amour court s'asseoir auprès d'un rouet qui est dans un coin de la salle.*)

SCÈNE III.

FLEUR D'AMOUR , CHARLES , FERDINAND ,
Gardes et suite des deux Princes.

FLEUR D'AMOUR , *se mettant à filer et regardant les deux Princes en dessous.*

Air : *Il faut que l'on file , file.*

De faire trembler la terre
Hercule était glorieux,
Mais ce grand foudre de guerre
Fut vaincu par deux beaux yeux.
A l'amour tout est facile ;
Ce héros tendre et docile,
Omphale, est à tes genoux,
Je le vois qui file, file, file,
Je le vois qui file doux.

CHARLES.

Mon frère, nous devions trouver ici la fille du prince Armin, la belle Fleur d'Amour, et je n'y vois qu'une villageoise.

FLEUR D'AMOUR , *à part.*

Je savais bien que je n'étais pas reconnaissable.

CHARLES.

La Princesse se sera sans doute évadée à notre approche, ou son père, dont la sagesse n'est jamais en défaut, l'aura soustraite à nos recherches.

FLEUR D'AMOUR.

Ils ne se doute pas que je suis là.

FERDINAND.

Nous devons nous réjouir de son évasion. D'après tout ce que la renommée publie de son esprit aimable et de ses charmes, nous l'eussions peut-être aimée tous les deux, et notre amitié en eût souffert.

CHARLES.

Vous avez raison, l'amour et la gaîté ne valent pas ce sentiment divin.

Air : *Du vaudeville du Rémouleur.*

L'amour est tout dans la jeunesse,
Il remplit le cœur et les sens ;
C'est une ardeur, c'est une ivresse,
Ce sont des transports renaissans !

(8)

Bientôt l'amitié les remplace
Et règne sur nous désormais,
Quand l'amour passe, passe, passe,
L'amitié ne passe jamais.

FLEUR D'AMOUR, *à part.*

Il prend facilement son parti, je saurai l'en punir.

FERDINAND.

Même air.

Je sais bien qu'un grain de folie,
Et je l'avoue avec candeur,
Rend une femme plus jolie,
Peut même embellir la laideur.
Et cependant, je crois qu'en face
A Fleur d'Amour, moi, je dirais :
La gaîté passe, passe, passe,
L'amitié ne passe jamais.

Je regrette fort peu la belle Fleur d'Amour, on la dit coquette, fantasque et légère.

FLEUR D'AMOUR, *à part.*

L'impertinent !

FERDINAND.

Après tout, elle est femme et jolie, c'est deux fois plus qu'il n'en faut pour être capricieuse ; oublions-la : les femmes de son caractère ne sont pas difficiles à trouver.

CHARLES, *avec sentiment.*

Eh bien ! moi je voudrais la voir, ne fut-ce qu'un instant ; à vingt ans elle ne peut avoir les défauts qu'on lui suppose, peut-être bien gratuitement. Que je serais heureux si elle me délivrait du fardeau de l'indifférence, maladie que toutes les femmes se piquent de guérir et dont aucune jusqu'à présent, ne m'a donné le remède.

FLEUR D'AMOUR, *à part.*

A la bonne heure voilà qui vaut mieux, et c'est de lui que je me vengerai.

CHARLES.

Mais peut-être cette petite villageoise pourra-t-elle nous instruire... (*S'approchant de Fleur d'Amour.*) Jeune fille, pouvez-vous nous dire ce qu'est devenue la princesse d'Arles ?

FLEUR D'AMOUR.

Prince, il y a peu de temps qu'elle se disposait à prendre la fuite, elle ne peut être loin d'ici.

CHARLES, *à part.*

Dieux! quel son de voix touchant!.. quelle figure charmante! ne la faisons pas remarquer à mon frère.

(*Il s'efforce de la cacher.*)

FERDINAND, *cherchant à la voir.*

Voilà une beauté villageoise qui venait sans doute se former à la cour. Elle me parait avoir tout ce qu'il faut pour être promptement instruite.

CHARLES, *à part.*

Je ne sais pourquoi j'en ai meilleure opinion que Ferdinand. (*Haut.*) Mon frère, allez donner des ordres pour faire suivre la trace de la princesse; moi je reste dans ce palais; si elle s'y réfugie, je vous réponds d'elle.

FERDINAND.

Vous avez raison, ne perdons pas le plus beau fruit de notre conquête.

(*Il sort. Une partie des gardes et de la suite l'accompagne.*)

SCÈNE IV.

FLEUR D'AMOUR, CHARLES.

CHARLES, *à part.*

Tant de grâces, tant de beauté sont nées plus près du trône que de la chaumière; je brûle de m'en assurer.

FLEUR D'AMOUR, *à part.*

Il s'approche... voici l'instant que je craignais.

CHARLES.

La princesse Fleur d'Amour ne peut être loin d'ici, disiez-vous: en vous voyant je serais tenté de le croire.

FLEUR D'AMOUR, *se levant.*

Prince, ne vous jouez point d'une infortunée qui n'a plus qu'à pleurer sur le sort de sa famille et de sa patrie, et daignez plutôt me faciliter les moyens de m'éloigner de ces lieux.

CHARLES.

Vous éloigner de ces lieux, vous qui en faites déjà pour moi tout le charme? ah! rendez-moi donc avant de les quitter, un cœur que votre premier regard vient de vous soumettre.

Les Fils de Pharamond.　　　　　　　2

FLEUR D'AMOUR, *à part.*

Air : *A peine au sortir de l'enfance.*

Déjà mon cœur n'est plus tranquille
Et voici l'instant dangereux.

CHARLES.

Ne craignez rien dans cet asile
D'un vainqueur toujours généreux.
Ma présence ici vous tourmente
Prenez des sentimens plus doux,
C'est moi, c'est moi, fille charmante,
Qui suis timide auprès de vous.

FLEUR D'AMOUR.

Ah ! prince, rendez vous-même au repos et à son obs-cure retraite une simple villageoise qui ne mérite pas votre hommage et réservez-le pour la princesse... que vous veniez chercher dans ce palais.

CHARLES.

Je l'oublie auprès de vous, cette princesse dont la France entière célèbre la beauté ; je ne voudrais la voir que pour mieux vous prouver que vous seule avez su me charmer, et que sous vos simples habits de village, je vous préfère à toutes les femmes dont l'art embellit les attraits.

FLEUR D'AMOUR, *à part avec émotion.*

Je serais aimée pour moi-même ? ah ! que je crains de me trahir ! (*A Charles.*) Quoi ! tout l'éclat d'un trône ne vous ferait pas oublier l'humble villageoise?...

CHARLES.

Non, belle inconnue, jamais je n'éprouvai d'émo-tion si vive, de sentiment plus enchanteur ; daignez dis-poser de mon sort et mettre à l'épreuve mon dévouement.

FLEUR D'AMOUR, *après avoir hésité.*

Eh bien ! j'y consens et c'est à l'instant même que je pourrai connaître votre sincérité. Prince, je vous en fais l'aveu, Fleur d'Amour est cachée dans ce palais... l'amitié nous lie à tel point que nous n'avons toutes deux qu'une seule et même volonté... je vais la déterminer à se confier à vous. (*En souriant.*) Quoique certaine d'avance que vous m'abandonnerez pour elle.

CHARLES.

Je vous jure le contraire.

FLEUR D'AMOUR, *avec timidité.*

N'avez-vous jamais trahi vos sermens d'amour?

CHARLES.

Je ne vous avais pas vue. Je n'ai senti mon cœur que
d'aujourd'hui, et c'est à vous que je dois ce bonheur.

FLEUR D'AMOUR.

Air : *Quand des ans la fleur printannière.*

De tant d'amour je me défie,
Je perdrai bientôt tout mon prix,
Et l'humble fleur de la prairie
Va s'éclipser devant le lys.

CHARLES, *à part.*

Non, le simple habit de village,
Jamais ne couvrit tant d'attraits,
Et du cœur le touchant langage
Semble encore embellir ses traits.

(*Haut.*)

Ne craignez rien, fille chérie,
Charles connaît tout votre prix,
Et l'humble fleur de la prairie
Fait oublier l'éclat du lys.

Ensemble.

FLEUR D'AMOUR.

De tant d'amour je me défie,
Je perdrai bientôt tout mon prix,
Et l'humble fleur de la prairie
Va s'éclipser devant le lys.

(*A part en s'échappant.*)

Montrons-nous telle que nous sommes, aussi bien je ne
puis plus rester longtemps inconnue.

SCÈNE V.

CHARLES, *seul.*

Non, non, cette jeune villageoise n'est pas ce qu'elle
paraît être ; mon cœur ne peut m'abuser à ce point.

Air : *Le noble éclat du diadème.* (Chaperon Rouge).

Ah ! sous la simple collerette
Comme sous la pourpre des rois,
Oui, je le sens, mon ame est faite
Pour toujours vivre sous ses loix.
Heureux de l'aimer, de lui plaire,
Livrons tout mon cœur à l'amour :
J'abandonne pour ma bergère
Les rêves brillans de la Cour.

De la faiblesse de leur maître
J'entends murmurer les français...
Ils ont appris à me connaître,
Par d'assez glorieux succès !
Non, non : en admirant leur reine,
Ils diront d'une même voix :
La beauté règne en souveraine
Sur les bergers et sur les rois.

Quelle tarde à mon impatience !.. Ne se serait-elle point évadée elle-même ?.. Non, j'ai cru lire dans ses yeux... Ah ! l'amour m'abusait sans doute.

SCÈNE VI.

Le Même, FLEUR D'AMOUR, *sous de riches habits, Dames de sa suite.*

CHARLES.

Air : *Du vaudeville de Gille en deuil.*

Quel objet vient frapper ma vue?
Dieu d'amour, voilà de tes jeux !
N'est-ce pas la jeune inconnue
Qui s'offre plus belle à mes yeux !

(*S'approchant d'elle.*)

Quoi ! sous l'habit d'une bergère
C'est Fleur d'Amour que j'adorais ?

FLEUR D'AMOUR, *avec fierté,*

Votre amour devient téméraire,
Prince, au moment où je parais,

(*A part.*)

Ensemble.

D'où vient que je tremble à sa vue?
Dieu d'amour, voilà de tes jeux !
Voudrais-tu, dans mon ame émue,
Allumer de coupables feux ?

CHARLES,

Je tremble encor' plus à sa vue,
Dieu d'amour, voilà de tes jeux !
Oui, c'est bien la jeune inconnue
Qui s'offre plus belle à mes yeux.

FLEUR D'AMOUR.

Non, Prince, ne vous flattez pas du vain espoir de me rendre sensible à votre amour.

CHARLES.

Ce n'est pas vous que j'aime, j'adore une jeune et

modeste villageoise... ses grâces, sa douceur et sa beauté
l'ont rendue pour jamais maîtresse du cœur de Charles.

FLEUR D'AMOUR.

Ce n'est plus elle qui vous parle ; c'est la fille du prince
Armin.

CHARLES.

Je vois que vous ne pouviez être effacée que par vous-
même.

FLEUR D'AMOUR.

Et moi je ne dois voir en vous qu'un vainqueur, in-
juste et barbare... mon cœur n'est occupé que du sort
de mon père.

Air :

Ses états ont un nouveau maître,
En ce jour, il a tout perdu.

CHARLES.

Ah ! Fleur d'Amour n'a qu'a paraître,
Bientôt tout lui sera rendu.
Mon frère, Pharamond lui-même,
Cessant d'être victorieux,
En ce jour pour celle que j'aime,
Auront et mon cœur et mes yeux.

FLEUR D'AMOUR.

Il m'est permis d'en douter.

CHARLES.

Disposez de Charles, Madame, et dites-lui seulement
ce qu'il peut faire pour vous.

FLEUR D'AMOUR.

Air : *Quel bonheur il a sa grâce.* (Déserteur).

Prince, voulez-vous me plaire ?
Ne songez qu'aux jours d'Armin.
A son cœur sa fille est chère,
Et c'est le sort de mon père
Qui cause tout mon chagrin.

CHARLES.

Celui qui fit la blessure,
Saura calmer vos douleurs ;
Votre ame est sensible et pure,
Et c'est moi qui vous le jure,
Aujourd'hui de la nature
L'amour séchera les pleurs.

Ensemble.

Oui, s'il ne faut pour vous plaire,
Que sauver les jours d'Armin ;
Le trop heureux Charles espère,
Qu'avant peu, de votre père,
Vous bénirez le destin.

FLEUR D'AMOUR.

Prince, voulez-vous me plaire ?
Ne songez qu'aux jours d'Armin.
A son cœur sa fille est chère,
Et c'est le sort de mon père
Qui cause tout mon chagrin.

(Charles sort accompagné du reste des gardes et de sa suite).

SCÈNE VII.

FLEUR D'AMOUR, ROSINA, *arrivant du côté opposé à la sortie de Charles.*

FLEUR D'AMOUR.

C'est toi, ma chère Rosina, tu n'as donc pu leur échapper ?

ROSINA.

Peut-être y aurais-je réussi ; mais je n'ai pu soutenir l'idée de vous laisser seule aux mains de nos vainqueurs... féroces.

FLEUR D'AMOUR.

Ah ! que l'un d'eux est loin de mériter ce titre odieux ! mais le danger que je cours n'en est que plus à redouter.

ROSINA.

Comment donc, madame, vous aurait-il déjà parlé d'amour ?

FLEUR D'AMOUR.

Le devoir, l'honneur, un juste ressentiment, me défendent de l'écouter ; m'ordonnent même de le haïr.

ROSINA.

Je l'avais oublié ; et c'est pour mieux le haïr que vous avez quitté vos vêtemens villageois ?

FLEUR D'AMOUR, *feignant de ne pas l'entendre.*

Ne dois-je pas avoir toujours présent à la mémoire cet oracle terrible de la sybille de la forêt enchantée ?

ROSINA.

Que vous prédit-elle donc ?

FLEUR D'AMOUR.

Consultée par mon père, le jour de ma naissance, elle lui a annoncé que je risquais de perdre la vie, si, au lieu de prendre un époux distingué par de grandes qualités, je me montrais une femme vulgaire en ne choisissant que le plus aimable.

ROSINA.

Air : Mon dieu, mon dieu, comme à ête fête.

La chose est à peine croyable,
Ah ! quel oracle abominable !
Quoi ! préférer le plus aimable
A ses yeux mérite la mort !
Vous avouerez qu'il a tort,
Mais je dis le plus grand tort.
Sous peine de mort, si les belles
Devaient toutes être rebelles
Aux vœux du plus aimable amant,
Pour aimer le plus méritant,
Bon dieu ! combien de demoiselles,
Malgré ces mots impertinens,
Maîtrisant mal leurs sentimens,
Pourraient mourir dans leur printemps !

Heureusement, Madame, vous êtes trop sensée pour courir le risque affreux d'aimer l'un des deux Princes, surtout l'aimable Charles.

FLEUR D'AMOUR.

En peux-tu douter ? je le haïrais même s'il n'eût aimé en moi que la princesse ; mais il m'a aimée sous les habits d'une simple villageoise, il m'a promis de sauver les jours de mon père... et il me semble que j'ai pour lui de la reconnaissance.

ROSINA.

Air : Du vaudeville de la Petite Sœur.

Pour détester votre vainqueur,
Ah ! craignez la reconnaissance,
C'est ainsi que dans notre cœur
Souvent l'amour a pris naissance ;
Plus d'un exemple m'est témoin
Qu'alors certain feu nous tourmente,
La reconnaissance va loin
Quand la femme est reconnaissante :

Mais j'entends le chœur de musique céleste qui précède toujours l'arrivée du prince des génies, et votre auguste père vient sans doute à votre secours.

SCÈNE VIII.

Les Précédens, ARMIN, *il descend dans un nuage, accompagné de quelques génies sous la forme de jeunes amours. On entend un chœur de musique dans l'éloignement.*

FLEUR D'AMOUR, *allant au-devant de lui.*

Mon père, comment avez-vous pu me laisser à moi-même et sans secours dans des momens si cruels?

ARMIN.

Ma fille, tes plaintes sont venues jusqu'à moi, mais un pouvoir supérieur arrêtait mes pas, et rend même en cet instant toute ma puissance inutile. Tu as vu les deux princes de France, ferme ton cœur à leurs séductions, et attends pour te prononcer en faveur de l'un d'eux, qu'ils aient subi les épreuves auxquelles je vais les soumettre dans la Forêt enchantée ; puissent-ils en sortir dignes de toi!... L'un est à la fois le plus vaillant et le plus étourdi des princes, l'autre en est le plus sensible et le plus aimable... Souviens-toi de l'oracle! un coupable amour entraînerait non seulement ta perte, mais encore celle du prince qui en serait l'objet.

(*Il remonte dans son nuage, au son de la musique qui l'a amené.*)

FLEUR D'AMOUR.

Mais, seigneur... il disparaît et ne peut plus m'entendre. Il me faut donc renoncer à Charles, ne plus le voir, le haïr... Eh bien ! oui, je serai fidèle à mon devoir, à mon père, et je lui dirai, si je ne puis éviter sa présence, je lui dirai... que je le déteste. Mais le voici lui-même avec son frère... Oh! comme sa vue agite mon cœur!

ROSINA.

N'oubliez pas l'oracle!

SCÈNE IX.

Les Mêmes, CHARLES, FERDINAND.

CHARLES.

Air: *J'ai bien souvent juré d'être fidèle.* (Visitandines),

Ne craignez rien ici, belle princesse,
Comme nos cœurs tout vous sera soumis;

A vos malheurs l'amour nous intéresse,
Quand Fleur d'Amour paraît, il n'est plus d'ennemis.

FLEUR D'AMOUR , *à part.*

Le détester c'est pourtant bien dommage.

ROSINA , *à part.*

On craint plutôt de les aimer tous deux.

CHARLES.

Daignez, princesse, agréer notre hommage,
C'est Fleur d'Amour qui règne dans ces lieux.

FLEUR D'AMOUR.

Puis-je oublier que l'esclavage
Est le tourment le plus affreux?

CHARLES.

Devenez notre souveraine,
Notre sort sera trop heureux.

FERDINAND.

Oui, nous chérirons notre chaîne,
Et vous seule aurez tous nos vœux.

FLEUR D'AMOUR , *à part.*

Comment leur vouer de la haine
Puisqu'ils brûlent des mêmes feux?

ROSINA , *à part.*

En vérité, j'ai de la peine à croire
Que ma jeune maîtresse ait beaucoup de courroux.

CHARLES.

Ah! je prétends être digne de vous,
Princesse, je vole à la gloire!

FERDINAND.

Du sort des armes peu jaloux,
Mon cœur veut une autre victoire.

CHARLES ET FERDINAND.

Ne craignez rien ici, belle princesse,
Comme nos cœurs tout vous sera soumis;
A vos malheurs l'amour nous intéresse,
Quand Fleur d'Amour paraît il n'est plus d'ennemis.

FLEUR D'AMOUR.

Il n'est plus rien, non rien qui m'intéresse.
Lorsque mon père à vos lois est soumis,
Puis-je écouter la voix de la tendresse?
Ah! Fleur d'Amour en vous doit voir des ennemis.

ROSINA.

Ne craignez rien ici, jeune princesse,
Comme leurs cœurs tout vous sera soumis;
A vos malheurs l'amour les intéresse,
Quand Fleur d'Amour paraît il n'est plus d'ennemis.

Ensemble.

(*Charles et Ferdinand fléchissent tous deux le genou devant Fleur d'Amour, à la manière des chevaliers français.*)

SCÈNE X.

Les Précédens, CARLIN, *accourant et tenant à la main un parchemin roulé.*

CARLIN.

Ah ! je vous trouve à la fin, ce n'est pas sans peine.

CHARLES.

Que nous veux-tu, parle.

CARLIN.

En écuyer fidèle, je vous apporte une lettre de votre père ; j'ignore ce qu'elle contient ; mais le Roi ne paraissait pas de bonne humeur, quand il m'a prescrit de vous la remettre sans délai.

CHARLES.

Donne donc vite ! (*Il déroule le parchemin et lit.*)

» Les fils de Pharamond vaincus par une femme !
» La fille d'un rebelle à tel point les enflamme,
» Qu'auprès d'elle oubliant leur nom et leur valeur,
» Dans leur esclave, ils ont reconnu leur vainqueur !

CARLIN, *à part.*

Il aurait mieux fait d'écrire en prose et d'être un peu plus galant.

CHARLES, *continuant.*

» Pour mes fils j'étais sans allarmes,
» Sur eux pourtant j'aurais bien dû prévoir
» L'effet que produiraient ses charmes,
» Et défendre leur cœur du danger de la voir.

CARLIN, *à part.*

A la bonne heure, voilà qui devient plus poli.

CHARLES.

» Mais puisque Fleur d'Amour aux princes a su plaire,
» Qu'elle choisisse un des deux pour époux ;
» J'ose me flatter que son père
» D'un tel hymen sera jaloux.

FERDINAND.

Ah ! parlez, Madame ; le bonheur d'un frère pourra seul consoler l'autre du malheur de vous perdre.

ROSINA, *à mi-voix, à Fleur d'Amour.*

C'est l'instant de parler.

FLEUR D'AMOUR, *de même à Rosina.*

Je sais bien celui que mon cœur préfère ; mais je n'ose le faire connaître.

CHARLES, *continuant de lire, et avec agitation.*

» Entr'eux si Fleur d'Amour balance,
» Il existe un moyen tout prêt,
» Qui sert à la fois ma puissance
» Et ma gloire et mon intérêt.
» Princes, la forêt enchantée,
» Pour ses merveilles tant vantée,
» Vous offre des exploits nouveaux,
» Ah ! volez-y, jeunes rivaux !
» La main de Fleur d'Amour par son maître est promise
» Au chevalier qui dans ces lieux
» M'étonnera le plus par sa noble entreprise.

(Appuyant sur ce qui suit et regardant Fleur d'Amour et son frère.)

» Dans l'objet le plus merveilleux
» De la valeur je veux un gage,
» Allez, princes, pour être heureux
» Méritez le prix du courage. »

VAUDEVILLE.

Air : *Du vaudeville de comment faire.*

CHARLES ET FERDINAND.

Dans l'objet le plus merveilleux
De la valeur donnons un gage,
Amour ! favorise mes vœux
Garde ce prix à mon courage !

FLEUR D'AMOUR ET ROSINA.

Dans l'objet le plus merveilleux
De la valeur il faut un gage.
Donne à Charles pour être heureux,
Donne, amour, le prix du courage !

CARLIN, *à part.*

S'il faut pour voir combler ses vœux
De la valeur donner un gage,
Je ne serai jamais heureux,
Car je n'ai pas un grand courage.

CHŒUR.

Dans l'objet le plus merveilleux
De la valeur il faut un gage,
Allez, princes, pour être heureux,
Méritez le prix du courage.

Ensemble.

FLEUR D'AMOUR, *aux princes.*

Princes, qui peut vous arrêter?

(*A part*).

De leurs exploits mon cœur soupire.

(*Avec fierté*).

Il faut d'abord la mériter,
Lorsqu'à Fleur d'Amour on aspire.

Reprise.

Dans l'objet le plus merveilleux, etc.

Fin du premier acte.

ACTE II.

Le théâtre représente une épaisse forêt.

SCÈNE PREMIÈRE.

FERDINAND, CARLIN, *qui entre derrière lui en tremblant de tout son corps.*

CARLIN.

De grâce, mon prince, que venez-vous chercher dans
une forêt toute peuplée de magiciens et de démons ? Je
crois voir sur chaque arbre quelque lutin ou quelque
farfadet qui me regarde de travers et qui s'apprête à fon-
dre sur moi.

FERDINAND.

Poltron, tu trembles déjà?

CARLIN.

Oh! ce n'est pas que j'aie peur, au contraire ; mais à
quoi sert le courage contre des fantômes qui se remettent
un bras, une jambe ou une tête coupés, comme si on n'y
avait pas touché? Quand j'ai pourfendu un ennemi du
haut en bas, j'aime que ce soit une affaire faite.

FERDINAND.

Je vois que tu te serais mal tiré de l'expédition de l'hy-
dre de Lerne.

CARLIN.

Ce fut, si j'ai bonne mémoire, le plus glorieux des travaux d'Hercule, et je n'ai pas la moindre prétention de vouloir passer pour Hercule second.

FERDINAND.

Fi donc! te dis-je; tu t'effraies de fantômes, d'illusions faciles à dissiper.

CARLIN.

Air : Quand on ne dort pas de la nuit.

Vous vous moquez d'un farfadet,
Un lutin me donne la fièvre ;
A votre cœur le danger plaît ;
On dit tel maître tel valet ;
Et je suis poltron comme un lièvre.
J'ai vu tout à l'heure un démon
Dans ce bois solitaire et sombre,
Sous la forme d'un gros dindon...

FERDINAND.

Moi, je crois (*bis*) que c'était ton ombre.

CARLIN.

Vous croyez que c'était mon ombre ?

FERDINAND.

Oui, je crois que c'était ton ombre.
Comment ne t'es-tu pas reconnu ?

CARLIN.

Plaisantez!... et moi aussi, seigneur, je croyais n'avoir affaire qu'à des ombres?... En conséquence, voyant passer le long du bois une jeune villageoise fraîche... comme une pêche; l'eau m'en vient encore à la bouche. J'ai voulu, au moyen d'un baiser, m'assurer de sa nature aérienne; mais un soufflet, appliqué d'une main aussi ferme que le marbre, m'a ôté pour toujours l'envie de chercher les merveilles de la forêt enchantée.

FERDINAND.

Ne crains rien avec moi; c'est ici, m'a-t-on dit, qu'habite l'enchanteur, qui seul peut m'indiquer le moyen de conquérir l'objet le plus merveilleux.

CARLIN.

Air : Du vaud. de Voltaire chez Ninon.

Sans être un sage, un enchanteur,
Tenez en deux mots, je prie,

Mieux que le plus savant docteur,
Dévoiler cette allégorie :
Ce qui plaît le plus à nos yeux,
Ce qui plaît le plus à notre ame,
Le trésor le plus merveilleux,
Ma foi ! c'est une bonne femme.

FERDINAND.

Une bonne femme, dis-tu ?

CARLIN.

Oui, seigneur, une femme... dont on soit parfaitement content. Demandez plutôt à tout le monde.

Air : *Du vaudeville de la vallée de Barcelonnette.*

Voir une fille en son printemps
D'un jeune amant être amoureuse,
Ce ne fut là, dans aucun temps,
   La pièce curieuse :   (*bis*)
Avec celui qu'elle épousa
N'être jamais impérieuse,
Ah ! j'espère bien que voilà
   La chose merveilleuse.   (*bis*)

FERDINAND.

Tais-toi, et qu'il ne t'arrive jamais de dire du mal des femmes devant moi ; nous sommes loin de valoir ce sexe enchanteur. Ah ! que ne puis-je conquérir l'objet le plus merveilleux pour mériter la main de Fleur d'Amour...

CARLIN.

Si vous succombez pour l'obtenir, belle conquête ma foi !

FERDINAND.

Fleur d'Amour est assez jolie pour que je tente l'aventure.

CARLIN.

Se faire tuer pour une femme, folie ! car une fois mort on ne peut plus l'aimer. (*On entend du bruit et un cliquetis d'armes dans la forêt. Il se range en tremblant derrière son maître.*) Ah ! prince, croyez-moi, la chose la plus merveilleuse, la plus précieuse, c'est...

FERDINAND.

Eh bien ?

CARLIN.

C'est la vie ; jusqu'à présent c'est encore ce qu'on a trouvé de mieux. Au nom du ciel, n'exposez ni la vôtre ni la mienne.

FERDINAND.

Si tu as peur, mets-toi derrière moi.

CARLIN.

C'est fait.

FERDINAND.

Ou plutôt éloigne-toi et laisse-moi seul affronter le danger.

CARLIN.

Fi donc! pour qui me prenez-vous? (*Le bruit redouble, le cliquetis d'armes devient plus fort, et on entend des cris dans la forêt.*)

FERDINAND, *tirant son épée.*

Volons aux cris de ceux qui implorent notre assistance.

CARLIN.

Oui, volons!... c'est le langage ordinaire de ces honnêtes gens.

(*On aperçoit des brigands qui attaquent un vieil ermite ; Ferdinand fond sur eux l'épée à la main, les met en fuite, et ramène l'ermite qu'il a délivré. Carlin menace les voleurs de loin.*)

Coquins! marauds! vous faites bien de ne pas m'attendre. (*A part.*) Ils m'attendraient longtemps. Mais ne les vois-je pas revenir? (*Il prend Ferdinand et Armin pour les voleurs.*) Sauvons-nous, c'est le plus prudent.

SCÈNE II.

FERDINAND, ARMIN, *sous l'habit et avec la barbe d'un ermite.*

FERDINAND.

Air : *Ermite, bon ermite.*

Ermite, bon ermite,
Dissipez vos frayeurs,
Mon bras a mis en fuite
Ces infâmes voleurs.

ARMIN.

Ah! sans votre courage,
Votre noble secours,
Ces brigands dans leur rage
Allaient trancher mes jours.

FERDINAND.

Ah ! cessez, bon ermite
De me remercier,
N'est-ce pas la conduite
Oui la conduite
De tout vrai chevalier ?

Je n'ai écouté que la voix de l'humanité en volant à votre défense ; mais qui pouvait avoir suscité contre vous l'attaque de ces brigands ? L'habit dont vous êtes revêtu, et qui n'annonce pas l'opulence, semblait devoir vous mettre à l'abri de leur cupidité.

ARMIN, *à part.*

Cachons-lui bien que c'est le prince Armin, le père de Fleur d'Amour qu'il a secouru. Cachons-lui surtout l'épreuve que je veux faire sur lui et sur son frère. (*Haut.*) Ils ont appris, je ne sais comment, que j'étais possesseur de la lunette merveilleuse qui fait apparaître soudain tous les objets dont on désire la vue, à quelque distance qu'on soit d'eux.

FERDINAND.

Comment ! vous seriez l'enchanteur dont on m'a tant parlé, et cet objet merveilleux serait en votre possession ?

ARMIN.

C'est du magicien lui-même que je tiens cette lunette étonnante ; elle ne me quitte jamais. La voici, seigneur... elle sert au moral comme au physique.

Air : *L'amour est une étrange chose.*

Cette lunette est singulière ;
Connaissez-en donc les effets :
Vous grossissez tous les objets
Si vous regardez par ce verre,
L'autre côté fait le contraire.
Sur les défauts qui sont en lui
S'il jette un coup d'œil en cachette,
Chacun se sert de celui-ci,
Mais pour voir les défauts d'autrui
Comme on retourne la lunette !

Cœurs ingrats ! voici votre verre,
Pour vous il devient un besoin.
Vous aimez à voir de fort loin
Tout le bien qu'on a pu vous faire,
C'est ce côté qui doit vous plaire.
Mais accordez-vous un secours,
Rendez-vous un léger service,

A l'autre vous avez recours ;
A votre orgueil il faut toujours
Une lunette qui grossisse.

Enfin, mon cher libérateur, par le moyen de ce verre, nous obscurcissons avec envie, nous rapetissons à plaisir la vertu, la beauté, le mérite de tout ce qui nous environne ; mais en regardant par l'autre verre, nous nous caressons nous-mêmes, en voyant nos rares qualités sous leur aspect le plus avantageux. Essayez-la vous-même.

FERDINAND, *avec gaîté.*

Je n'ai déjà que trop de disposition à me trouver parfait, et je ne veux faire usage de cette lunette que pour voir mon père.

ARMIN.

Votre désir va être satisfait.

(*Ferdinand regarde avec la lunette ; le centre de la forêt disparaît et laisse voir un riche palais. Pharamond y paraît entouré d'une cour nombreuse et brillante.*)

FERDINAND.

Oui, c'est lui qui s'offre à mes yeux.... Il paraît se réjouir.

ARMIN.

C'est sans doute de la victoire qu'il a remportée sur le prince Armin, et vous-même partagez peut-être son allégresse ?

FERDINAND.

Non ; vous le dirai-je ? je plains le sort d'Armin ; il est adoré de ses sujets, et le fléau de la guerre ne devrait accabler que les mauvais princes.

ARMIN, *avec émotion.*

Brave jeune homme ! (*A part.*) J'ai manqué de me trahir.

FERDINAND, *regardant de nouveau.*

Quelqu'un parle à Pharamond... Il paraît maintenant en courroux.

ARMIN.

Ce pourrait bien être du refus que fait la Princesse Fleur d'Amour de donner sa main à l'un de ses fils.

FERDINAND.

Je serais presque tenté de donner tort à mon père ; l'amour seul ne reconnaît pas de maître. (*Il remet la*

lunette à Armin, le palais disparaît, et fait place à ce
qui l'a précédé.) Sage ermite, comment pourrais-je
acquérir un si précieux trésor?

ARMIN.

Le puissant enchanteur de qui je tiens cette lunette,
m'avait imposé l'obligation de la remettre au chevalier le
plus valeureux.... après le courage que vous venez de
montrer pour me défendre, je ne puis mieux la placer
qu'en vos mains ; trop heureux de pouvoir vous donner
ainsi une preuve de ma reconnaissance.

FERDINAND.

Ah! c'est moi, généreux ermite, qui reste votre obligé, vous m'assurez par ce présent la possession d'une
femme charmante.

ARMIN.

Comment cela ?

FERDINAND.

Mon père a promis Fleur d'Amour à celui qui lui
rapporterait de la forêt enchantée l'objet le plus merveilleux ; qui pourrait maintenant me disputer sa main ?

ARMIN.

Eh bien! volez où l'amour vous appelle.

Air : *On dit que le diable est céans.* (Du château de Montenéro)

> Prince, vous méritez le prix
> De la bonté, de la vaillance ;
> De ces vertus fillette en France
> N'a pas toujours le cœur épris.
> Mais patience,
> De l'espérance !
> Songez, si contre l'apparence,
> Vous perdiez ce prix mérité,
> Que la valeur, l'humanité
> Trouvent toujours leur récompense.

FERDINAND.

> Douce espérance !   (*bis*)
> Ah! viens adoucir ma souffrance !
> Si dans ce jour j'ai mérité
> Le droit de plaire à la beauté,
> Voilà, voilà ma récompense !

Ensemble.

ARMIN.

> Mais patience,
> De l'espérance ! etc.

(*Ferdinand salue affectueusement Armin et s'éloigne.*)

SCÈNE III.

ARMIN, *dans un coin du théâtre*, CHARLES, CARLIN, *arrivant tous deux du côté opposé à la sortie de Ferdinand.*

CHARLES.

Tu dis, Carlin, que Ferdinand mon frère est en ces lieux ?

CARLIN.

Oui, mon Prince, nous avons battu à nous deux une armée de voleurs et je me sens le bras encore tout fatigué des coups terribles que j'ai portés.

Air :

A nos yeux soudain se présente
De voleurs tout un régiment,
Loin d'en prendre de l'épouvante,
Nous les recevons vaillamment.
En frappant d'estoc et de taille,
Nous perçons ces lâches guerriers,
Et maîtres du champ de bataille,
Nous nous sauvons... sous des lauriers.

CHARLES.

Je reconnais bien là mon frère, toi seul m'étonnes.

CARLIN.

Je vous étonne ? je le crois bien, mon courage m'étonne moi-même. C'est en poursuivant le reste de ces brigands que je me suis égaré dans la forêt où je vous ai rencontré. Mais je vous le demande, seigneur, que venez-vous chercher dans ce repaire, où sans notre bravoure, le moindre malheur qui nous fût arrivé, eût été d'être dépouillés et mis en pièces ?

CHARLES.

J'y cherche le puissant enchanteur qui fait ici sa résidence et m'a promis son secours dans l'occasion.

ARMIN, *à part.*

Éprouvons celui-ci : (*Avec l'accent de la douleur.*) Dieux ! je suis blessé... mon sang coule et les forces m'abandonnent. Brave chevalier, j'implore votre secours.

CHARLES.

Quels accens plaintifs frappent mon oreille ? ce sont ceux d'un pauvre ermite blessé sans doute par les brigands dont tu parles.

CARLIN.

Oui, mon prince, je le reconnais, et sans moi, c'en
était fait de ses jours.

CHARLES.

Je lui dois mon assistance, courons à lui. (*On voit
Fleur d'Amour traverser rapidement la forêt.*) Que vois-
je, est-ce une illusion ? non, mes yeux et mon cœur ne
me trompent pas, c'est la belle Fleur d'Amour, volons
vers elle.

ARMIN.

Brave chevalier, au nom de l'honneur et de l'humanité,
secourez moi !

CHARLES.

Carlin, prends soin de ce pauvre ermite.

ARMIN, *plus douloureusement.*

Je sens que je succombe... je vais mourir.

CHARLES.

Je n'y puis résister, l'humanité l'emporte ! je rougis
d'avoir hésité un seul instant. (*Il court à Armin, bande
son bras blessé et le ranime avec des sels.*)

CARLIN, *à Charles.*

Si ces brigands revenaient à la charge nous pourrions
bien...

CHARLES.

Le malheur n'a-t-il pas ses droits avant tout ?

CARLIN.

Avant tout il faut songer à soi. Je suis si fatigué du premier combat, que je vous abandonne les honneurs du
second.

CHARLES.

Je m'en charge.

ARMIN.

Généreux prince, qui avez fait taire votre amour pour
me secourir; je vous dois une récompense pour cette vertu
si rare à votre âge, et le ciel me permet de vous l'offrir.
Je puis ouvrir trois voies à votre ambition : choisissez entre
le pouvoir le plus absolu, des richesses sans bornes, ou
enfin l'art de rendre heureux les peuples que vous êtes
appelé à gouverner un jour.

CHARLES.

Je n'hésite pas et je choisis ce dernier parti.

Air : *Tu ne vois pas jeune imprudent.*

Je veux rendre heureux les humains
Soumis à mon empire auguste,
Oui Charles veut des souverains
Se montrer toujours le plus juste.
Sans cet art, objet de mes vœux,
Qu'importe le pouvoir suprême !
C'est en rendant son peuple heureux
Qu'on a droit de l'être soi-même.

ARMIN, *l'embrassant.*

Je n'attendais pas moins du cœur d'un prince Français, et je dois une récompense à vos nobles sentimens. (*Il lui donne un petit cornet en or.*) Prenez ce cornet merveilleux, dès que vous l'approcherez de votre oreille, il vous fera parvenir à l'instant-même, fut-ce du bout du monde, les paroles et les sons que vous désirerez d'entendre. Grâce à lui vous pourrez connaître les murmures de votre peuple, si vous veniez à oublier votre promesse, et ce cornet magique vous rendra fidèlement au fond de votre palais, les arrières discours des courtisans et des flatteurs qui ne manqueront pas de vous assaillir.

CHARLES.

Ah ! Seigneur, quel service vous me rendez !

CARLIN.

Vous avez bien raison.

CHARLES.

Digne enchanteur, car vous l'êtes, je le vois, vous avez lu dans mon âme mon amour pour la fille du prince Armin, et vous me fournissez un moyen assuré de l'obtenir. Mon père ne pourra me la refuser quand je lui offrirai ce cornet merveilleux ; mais avant de le lui présenter, je brûle d'en faire usage pour entendre la voix de ce que j'aime. (*Il approche le cornet de son oreille, et on entend le prélude de l'air suivant*). O Fleur d'Amour ! puissent tes doux accens parvenir jusqu'à moi !

FLEUR D'AMOUR, *sans être vue.*

Air : *Un page aimait la jeune Adèle.*

Reviens à moi, je t'en conjure,
Amant si digne d'être aimé ;
Ah ! loin de toi dans la nature
Tout me paraît inanimé.

La voix de Fleur d'Amour t'appelle,
Reviens sur l'aile du plaisir ;
Le printemps et la fleur nouvelle
A mes yeux tout va s'embellir.

CHARLES.

Que ces mots me font de plaisir !

CARLIN.

Si j'entends, je veux bien mourir.

CHARLES.

Je vais lui répondre.

ARMIN.

Elle n'a point de cornet merveilleux , elle ne peut vous entendre.

CHARLES.

Mais est-ce bien moi qu'elle appelle ?... elle n'a point prononcé mon nom ?

CARLIN.

Dans ces affaires-là , le nom est pourtant essentiel.

CHARLES.

Ah ! Seigneur, votre pouvoir s'étend-t-il jusques sur les sentimens ?

ARMIN.

Non, prince , de tous les enchanteurs , l'Amour est le seul qui ait plein pouvoir sur le cœur des femmes ; mais celui-là même doit être pour vous. Rejoignez la princesse , peut-être qu'en apprenant votre beau trait d'humanité envers moi, et surtout votre noble désir de rendre votre peuple heureux, son ame tendre et généreuse voudra partager avec vous ce bonheur.

CHARLES.

Air : *Du vaudeville de folie et raison.*

Allons trouver mon père ,
Ce trésor précieux
En ce jour va, j'espère,
Rendre mon sort heureux.

CARLIN.

A Fleur d'Amour je vous conseille
De plaire d'abord en secret,
De votre belle ayez l'oreille,
Cela vaut bien votre cornet.

Ensemble. {

CHARLES.

Allons trouver mon père, etc.

ARMIN ET CARLIN.

Montrez à votre père
Ce trésor précieux,
Il rendra, je l'espère,
Votre destin heureux.

(*Charles et Carlin sortent d'un côté, Armin de l'autre.*)

Fin du deuxième acte.

<hr>

ACTE III.

Le théâtre représente la salle gothique du 1er. acte.

SCÈNE PREMIÈRE.

FLEUR D'AMOUR, ROSINA.

ROSINA.

Oui, Madame, on sait déjà dans le palais que les deux princes de France se sont tirés avec le plus grand honneur des épreuves de la forêt enchantée ; ils sont en ce moment auprès du roi leur père, occupés sans doute pour obtenir votre main, à faire valoir les présens qu'ils ont reçus.

FLEUR D'AMOUR.

Désigne-t-on l'objet le plus merveilleux ?

ROSINA.

Quant à moi, je ne vois pas trop ce qu'il y a de rare dans une lunette et dans un cornet.

FLEUR D'AMOUR.

Ni moi non plus ; mais enfin, auquel des deux, Pharamond a-t-il accordé la préférence ?

ROSINA.

On l'ignore, mais on assure qu'il veut que ce jour même décide de votre sort avec l'un de ses fils.

FLEUR D'AMOUR.

A quelles extrémités je me trouve réduite!... épouser
le fils du vainqueur de mon père ; jamais je ne me sou-
mettrai à cette tyrannie.

ROSINA.

S'il ne s'agissait que de Charles, ce serait encore une
tyrannie ; mais enfin, il est en amour et en fait de mariage, des circonstances auxquelles il faut se soumettre.

FLEUR D'AMOUR.

Air : Chante, chante Troubadour chante. (De Romagnési.)

En moi qui te dit que je l'aime ?
Mon cœur n'est que reconnaissant.
Il est vrai qu'un plaisir extrême
M'y fait penser à chaque instant.
Il est vrai qu'en secret j'admire
Sa noble valeur aux combats,
Qu'en le voyant mon cœur soupire..
Mais Fleur d'Amour ne l'aime pas.

Lorsqu'il parle sa voix m'enchante,
Il me semble aimable et bienfait ;
Je trouve une grâce touchante
Dans ce qu'il dit, dans ce qu'il fait.
Si, lorsque la gloire l'énivre,
Il allait trouver le trépas,
Ah ! je ne pourrais lui survivre !...
Mais Fleur d'Amour ne l'aime pas.

ROSINA.

Beaucoup d'amans seraient enchantés de ne pas être ai-
més comme cela. Mais si vous êtes sincère avec moi, vous
le serez peut-être encore davantage avec le prince votre
père, qui vient justement au secours de votre franchise ;
je vous laisse avec lui.　　　　　　　　　*(Elle sort.)*

SCÈNE II.

La Même, ARMIN, *il est en costume de prince d'Arles,
et tient sa baguette magique à la main.*

ARMIN, *à part, en entrant.*

Tâchons, par une dernière épreuve sur ma fille, de
pénétrer le secret de son cœur, et de connaître celui des
deux princes qu'elle préfère.

FLEUR D'AMOUR.

Ah! je le pensais bien, mon père, que vous n'abandonneriez pas votre fille à ses persécuteurs. Pharamond veut me forcer, en ce jour même, d'épouser l'un de ses fils, mais votre présence me rassure, et votre pouvoir saura me soustraire à leurs cruelles poursuites.

ARMIN.

Mon pouvoir, ma fille, est forcé de céder à celui de Pharamond ; et je n'en sens que plus vivement tout le malheur de ta situation. Il ne me reste qu'un moyen d'y remédier ; il pourra d'abord te déplaire...

FLEUR D'AMOUR.

Ah! quelqu'il soit, mon père, je l'adopte d'avance avec transport.

ARMIN.

Si tu n'étais qu'une femme vulgaire, je n'oserais te le proposer ; les femmes tiennent souvent plus aux charmes de leur figure qu'à leur existence... et cependant leur beauté est presque toujours la source de leurs peines ; mais tu n'as point cela de commun avec elles.

FLEUR D'AMOUR.

Ah sans doute! plût au ciel qu'il ne m'eût pas accordé cette beauté fatale, première cause de mes tourmens !

ARMIN.

Je reconnais bien là toute la justesse de ton esprit. Eh bien, ma fille, cette beauté étant la source de l'amour que les deux princes français ressentent pour toi, c'est à ses funestes effets que nous devons parer. Je viens donc de me rendre dans le temple du dieu du temps, et tu vas voir à l'instant ce que j'en ai obtenu pour toi.

(*Il agite sa baguette, et des petits génies descendent du ceintre tenant suspendu en l'air un grand voile richement brodé.*)

FLEUR D'AMOUR.

Un voile pour moi? ah! c'est trop aimable de votre part. (*Elle va pour le prendre.*)

Les Fils de Pharamond.   5

ARMIN.

Ce voile, placé sur ta tête, te vieillira tout-à-coup de vingt années, sans cependant retrancher un seul jour à ton existence.

FLEUR D'AMOUR, *reculant d'effroi.*

Me vieillir de vingt années! y pensez-vous, Seigneur?

ARMIN.

Air : *En amour comme en amitié.* (De Colalto.)

Ce voile changera tes attraits,
Mais sans rien changer à ton ame;
Que font de frivoles attraits!
C'est par ses qualités que doit plaire une femme.
C'est sur les vertus de ton cœur
Que ta félicité repose :
Ainsi l'on voit le parfum de la rose
Longtemps survivre à sa fraîcheur.

FLEUR D'AMOUR.

Qu'elle est à plaindre, la femme qui n'a pour plaire que le parfum des vertus!... Tenez, mon père, la fleur à peine éclose a toujours plus d'adorateurs que celle qui s'effeuille.

ARMIN.

En t'enlevant la fraîcheur, le vain éclat de la jeunesse, ce voile te laissera ces grâces qui plaisent encore à la raison sans la troubler, il te transportera à cet âge où le feu des passions n'égare plus le cœur, lui permet de choisir un bonheur plus tranquille, d'employer d'autres charmes que ceux trop fugitifs de la figure, d'aimer enfin et d'être aimée, non plus par surprise, mais avec réflexion.

FLEUR D'AMOUR.

L'empire des femmes ne veut pas de réflexion, et tel qu'il est, permettez que je m'en contente.

Air : *L'amour ainsi qu'la nature.*

Votre voile, sur mon ame,
Doit faire fuir une femme,
Et pour orner nos appas,
La mode n'en veindra pas.
Mais de rendre la jeunesse
S'il avait le doux pouvoir,
Ah! plaignez notre faiblesse!
C'est à qui voudrait l'avoir.

ARMIN.

Qui te parle des autres femmes ? ne viens-tu pas de me dire que tu ne tenais point à une beauté qui te met dans l'embarras le plus fâcheux ?

FLEUR D'AMOUR.

C'est vrai, mais vous m'offrez un remède si singulier, qui exige une telle abnégation de soi-même... un détachement si subit de tout le charme de la vie.... tenez, vous exigez trop de moi.

ARMIN.

Eh bien ! capitulons : vingt-ans t'effrayent, j'obtiendrai que ce voile ne te vieillisse que de la moitié... à trente ans, tu seras encore belle, mais moins séduisante et plus sûre de garder tes conquêtes.

Air : *J'étais bon chasseur autrefois.*

> A la beauté dans son printemps
> L'étourdi donne sa tendresse,
> Mais à qui veut aimer longtemps
> Il ne faut pas trop de jeunesse.
> Fille à quinze ans fait fuir l'hymen,
> Femme à trente ans sait-elle plaire ?
> L'amour commence le chemin,
> L'amitié finit la carrière.

FLEUR D'AMOUR.

Il n'est pas bien certain que dix ans de plus empêchent les princes de m'aimer... et d'ailleurs, si d'autres cherchaient à me plaire, j'aurais regret... à dix ans de perdus.

ARMIN, *ironiquement.*

Mais ne préfères-tu pas la mort au sort qui t'est réservé d'être traînée à l'autel par nos persécuteurs ?

FLEUR D'AMOUR.

Sans doute, mais aussi, dix ans !... si du moins il ne s'agissait que d'une année...

ARMIN.

Eh bien ?

FLEUR D'AMOUR.

Je vous demanderais encore du temps pour y songer.

ARMIN.

Je vois bien que tu m'en demanderais pour un jour.
Je te laisse un quart-d'heure pour te décider... souviens-
toi de l'oracle, tu ne refuseras plus mon voile. (*Il sort.*)

SCÈNE III.

FLEUR D'AMOUR, *seule.*

Un quart-d'heure ! c'est bien peu de temps pour prendre une pareille détermination. A-t-on jamais proposé,
même à celles qui n'ont rien à perdre, de s'enlaidir su-
bitement de dix années?

SCÈNE IV.

La Même, ROSINA, *qui a entendu ces dernières*
paroles.

ROSINA.

Ah! Madame, quelle horreur! qui donc a pu vous proposer un pareil meurtre ?

FLEUR D'AMOUR.

Le croirais-tu ? mon père me propose de me couvrir la
tête de ce voile du temps, qui en me vieillissant tout-à-
coup de vingt ou de dix années à mon choix, suffira,
dit-il, pour éteindre la passion des princes, et de tout
autre sans doute. Qu'en penses-tu ?

ROSINA, *à part.*

Je pense que le remède est pire que le mal.

FLEUR D'AMOUR.

Tu ne réponds rien ?

ROSINA, *avec malice.*

Du moment que c'est le prince votre père, qui vous
fait cette proposition, je crois que dix ans, car je vous
conseille de n'accepter que cela de plus, n'ôteraient peut-
être à vos traits qu'une nuance de fraîcheur presque in-
sensible, et qu'à tout prendre, pour échapper au malheur qui vous menace, le moyen est excellent.

FLEUR D'AMOUR.

Eh bien! pour que je puisse mieux juger de l'effet de

ce voile, fais toi-même le sacrifice de cette nuance légère, et souffre que j'essaie sur toi...

ROSINA.

Bien obligé! je ne suis pas dans votre position, et je n'ai pas, moi, de passion à éteindre. D'ailleurs, pour rien au monde, je ne m'exposerais à intervertir ainsi les ordres de votre père.

FLEUR D'AMOUR.

Cesse donc de me conseiller ce que tu crains tant de faire toi-même. Non, je ne consentirai jamais, ne fut-ce que pour une minute, à paraitre aux yeux de ce que j'aime, telle que je serai dans vingt ans.

ROSINA.

Ni moi non plus.

Air :

Que Rosina dans son printemps
De ses ans augmente le nombre !
Assez vite la main du temps
Nous couvre de son voile sombre.
Ah ! bien loin d'abréger les jours
De la beauté, de la jeunesse,
Pour moi j'en voudrais voir toujours
Durer la trame enchanteresse.

FLEUR D'AMOUR.

Je suis bien aise que nous pensions de même.

SCÈNE V.

Les Précédentes, CARLIN, *traversant le théâtre.*

ROSINA.

Carlin, qu'as-tu à nous apprendre ?

CARLIN.

Je vous cherchais; Pharamond vient de nommer celui de ses fils qui doit épouser la princesse.

FLEUR D'AMOUR.

Quelle horrible persécution !.... Quel est-il cependant?

CARLIN.

Les uns prétendent que c'est celui des princes qui lui

a apporté une lunette, au moyen de laquelle il aura le plaisir de se convaincre qu'il n'y a en France que des serviteurs désintéressés et des femmes fidèles.

FLEUR D'AMOUR, *à part.*

Ciel! ce n'est pas lui!

CARLIN.

D'autres soutiennent qu'il a nommé le prince possesseur d'un cornet magique qui lui redira les paroles secrètes des belles et des courtisans, et lui prouvera que son palais est celui de la vérité... Moi, je ne voudrais pas de ce cornet-là pour un royaume.

FLEUR D'AMOUR, *à part.*

C'est lui!

ROSINA.

Songez à l'Oracle!

FLEUR D'AMOUR.

O destinée cruelle!... Rosina, faut-il mettre le voile?

ROSINA.

C'est le cas où jamais, Madame. (*Le voile s'abaisse; Rosina le prend et le présente à sa maîtresse.*)

FLEUR D'AMOUR, *prenant le voile et le rejetant aussitôt.*

Non, non, plutôt mourir!

ROSINA, *à part.*

Mon Dieu, qu'une femme a de peine à vieillir!

SCÈNE VI et dernière.

Les Précédens, ARMIN, CHARLES, FERDINAND, Suite.

FLEUR D'AMOUR.

Ah! mon père, je ne m'y résoudrai jamais.

ARMIN.

Console-toi, ma chère fille, je viens mettre un terme à tes chagrins.

ROSINA.

Nous allions succomber à celui-ci; il y avait de quoi, je le demande à toutes les femmes.

ARMIN.

Nos malheurs sont finis ; le roi des Francs renoue avec nous les nœuds d'une ancienne amitié, et me rend à la fois ma fille et mes états.

CHARLES.

Oui, Madame, vous êtes libre ; mais le prince votre père consent à donner au nôtre la plus haute marque de son estime, en vous priant de choisir entre mon frère et moi celui que vous jugerez le plus digne de votre main.

ARMIN.

J'ai soumis ces princes à diverses épreuves dans la Forêt enchantée, et j'ai acquis la conviction que leur réputation de courage et de bonté n'était pas usurpée... Mais l'usage que Pharamond a fait des présens merveilleux que ses fils lui ont présentés, a bien vite appris à ce Roi qu'il ne faut pour être heureux ni tout voir ni tout entendre ; il me les a rendus. Comme une femme ne pense pas de même, je te les donne, c'est à toi d'en acquitter le prix en remplissant la condition imposée par le vainqueur.

FLEUR D'AMOUR.

Elle est bien pénible ; mais enfin puisqu'il faut que je me détermine....

ARMIN.

Qu'il n'y ait rien de forcé de ta part ; le voile peut te tirer d'embarras.

FLEUR D'AMOUR.

N'augmentez pas le mien, et songez que j'ai à prononcer entre deux princes également recommandables. (*A Charles.*) C'est à vous que je remets ces présens magiques. Avec l'une, vous pourrez lire au fond de mon cœur mes sentimens pour vous...... Avec l'autre, vous n'entendrez sortir de ma bouche aucune parole qui vous soit contraire.

ARMIN.

Je l'avais prévu. Apprends qu'à ma prière, l'Oracle a bien voulu révoquer son arrêt.

FLEUR D'AMOUR.

Charles m'a aimée simple villageoise, je dois l'en récompenser ; pour être véritablement heureuse, il faut qu'une femme soit aimée pour elle-même.

ARMIN.

C'est bien, c'est bien ; on sait qu'une jeune fille ne manque pas de bonnes raisons quand elle choisit celui qu'elle aime.

FERDINAND.

Je suis heureux du bonheur de mon frère.

ARMIN, *fléchissant le genou devant Charles.*

Sire, souffrez que le prince d'Ailes, désormais votre premier sujet, vous rende foi et hommage. Oui, ma fille, Charles, du consentement de Pharamond, son père, devient en ce jour le roi des Francs ; il en est digne par ses vertus, et je suis sûr que Fleur d'Amour, placée près de lui sur le plus beau trône de la terre, ne l'aidera qu'à faire des heureux.

(Le théâtre change et fait place à une salle richement ornée au fond de laquelle s'élève un trône brillant. Charles y conduit Fleur d'Amour, et tous deux s'y placent.)

ARMIN.

Vous, mes enfans, célébrez par vos chants d'amour et vos danses légères, l'heureuse alliance que je forme aujourd'hui, et le bonheur que ce nouveau règne assure à tous les Français.

CHOEUR.

Air : *Ah ! quel plaisir, ah ! quel bonheur.* (des petits Savoyards).

> Du roi Charle et de Fleur d'Amour
> Amis, célébrons l'alliance,
> Grâce, bonté, constance
> En eux s'unit avec l'amour.

ARMIN.

Vous, valeureux Ferdinand, consolez-vous. je vous initierai dans les secrets de la magie, et je vous ferai faire des miracles.... comme on n'en fait plus.

VAUDEVILLE.

CARLIN.

Air : *Du vaudeville des deux Edmon.*

Désirez-vous en mariage
Une fille modeste et sage,
Traitant la toilette d'abus ?
     On n'en fait plus.
Voulez-vous une femme altière,
Bien coquette, bien dépensière,
Aimant le faste et le fracas ?
     Oh ! nous n'en manquons pas !

ROSINA.

Vous, jeunes filles, pour votre ame
Faut-il un amant dont la flamme
S'accroisse encore par vos refus ?
     On n'en fait plus.
Aimez-vous mieux un beau jeune homme
Qui partout vous montre et vous nomme,
Tant de vos faveurs il fait cas ?
Oh ! nous n'en manquons pas !

FERDINAND.

Aimez-vous une bonne mère
A sa fille dont elle est fière,
Donnant l'exemple des vertus ?
     On n'en fait plus.
Mais de ces mères de famille
A cinquante ans, avec leur fille,
Luttant de conquêtes, d'appas,
Oh ! nous n'en manquons pas !

CHARLES.

L'amitié vous parait céleste,
Les Pylade, hélas ! les Oreste
Les Euryale et les Nisus,
     On n'en fait plus.
Mais des amis, francs égoïstes,
Que le bonheur d'autrui rend tristes,
Ne voyant qu'eux seuls ici bas,
     Oh ! nous n'en manquons pas !

ARMIN.

Des médecins comme Hypocrate,
A qui maux de cœur et de rate
Ne paraissent que des bibus,
On n'en fait plus,
Mais des savans en médecine
Dont la merveilleuse doctrine
Conduit aisément au trépas?
Oh ! nous n'en manquons pas !

FLEUR D'AMOUR , *au public.*

Air : *De ma Céline amant fidèle.*

Sans peine chez nous on cultive
La rose, le lys et l'œillet,
Le doux jasmin, la sensitive
Et la pensée et le muguet.
Mais c'est une fleur étrangère
Que nous vous offrons en ce jour,
C'est aux jardiniers du parterre
A faire prendre Fleur d'Amour.

(Un ballet termine la pièce.)

Fin du troisième et dernier acte.